평각 삼각형도 있나요?

지은이 윤병무

시인이며 어린이 책 작가이다. 초등 국어 수학 사회 과학의 핵심 지식을 동시와 수필로 형상화하여 창발적 초등 융합 교육을 실현했다고 평가받은 '로로로 초등 시리즈'(20권)를 썼으며, 읽은 글을 나무 그림으로 그리며 간추리는 노하우를 제시한 '나무 문해력 초등 시리즈'(5권)를 썼다. 또, 아동·청소년을 위한 인성 교육서 『생각을 열어 주고 마음을 잡아 주는 성장기 논어』, 『옛일을 들려 주고 의미를 깨쳐 주는 성장기 고사성어』, 『속뜻을 알려 주고 표현을 살려 주는 성장기 속담』을 썼으며, 그림 동화 『펭귄 딘딤과 주앙 할아버지』를 썼다. 지은이의 시집으로는 『당신은 나의 옛날을 살고 나는 당신의 훗날을 살고』, 『고단』, 『5분의 추억』이 있으며, 산문집 『눈속말을 하는 곳』이 있다.

그린이 이철형

이 책의 지은이와 단짝인 그린이는 '로로로 초등 시리즈' 중에서 16권과 '마음으로 생각하는 인성 공부 시리즈' 3권, 그리고 그림 동화 『펭귄 딘딤과 주앙 할아버지』의 그림을 그렸다. 또 함민복 시인의 시 그림책 『악수』, 그리고 인문 교양서 『우화의 철학』, 『나를 위한, 감정의 심리학』의 그림을 그렸다.

후루룩 수학 2

평각 삼각형도 있나요?
평면도형

글 윤병무 그림 이철형

국수

점이 있어.

점이 생각했어.

점이 생각을 말했어.

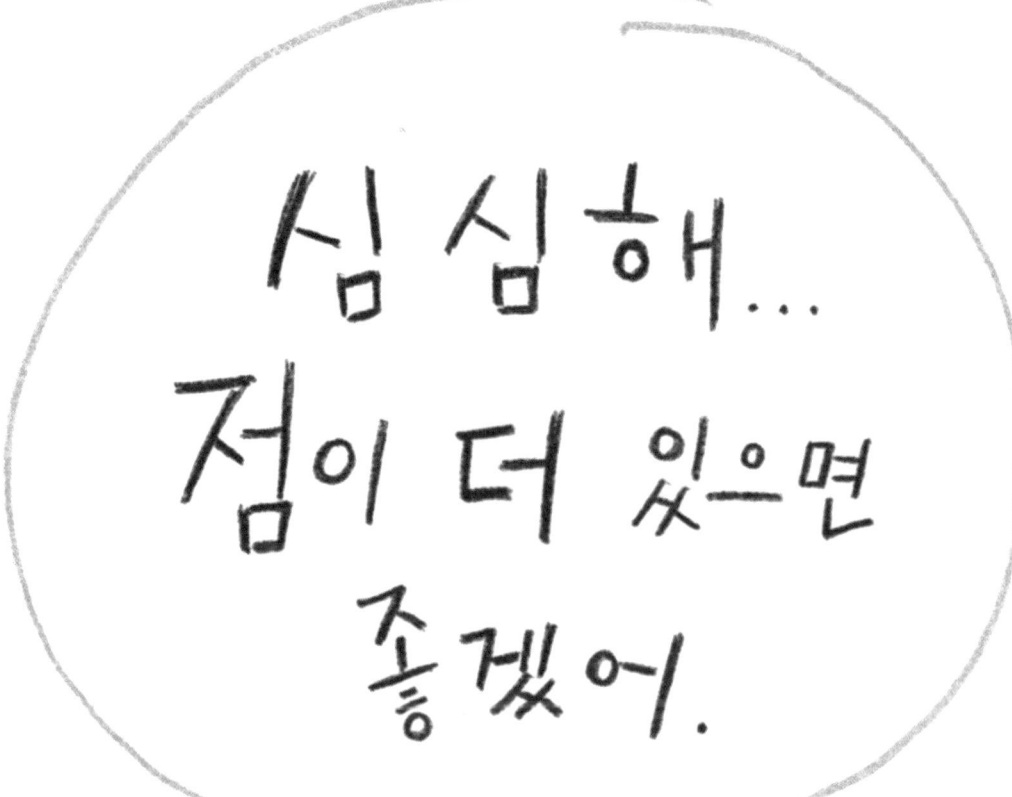

점의 바람대로

저쪽에 한 점이 나타났어.

저쪽 점도 이쪽 점과 똑같은 점이었어.

위치만 있고 크기는 없었어.

점이 둘이어서 이름이 필요했어.

이쪽 점의 이름은 점 A라고 지었어.

저쪽 점의 이름은 점 B라고 지었어.

점 A가 점 B에게 큰 소리로 말했어.

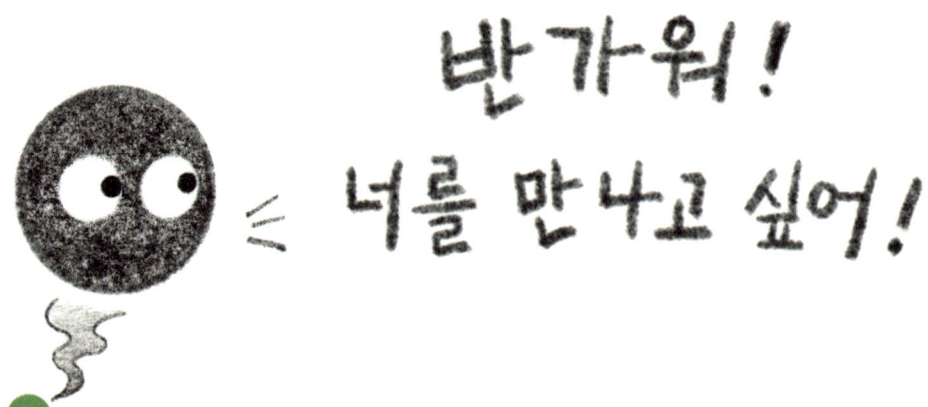

반가워!
너를 만나고 싶어!

점 B도 점 A에게 큰 소리로 대답했어.

나도 반가워!
너에게 닿고 싶어!

그러자, **선**이 나타났어.

선은 세 가지였어.

직선, **반직선**, **선분**이었어.

직선이 **점 A**와 **점 B** 사이를 곧게 이었어.

하지만 **직선**은 **점 A**와 **점 B**를 곧장 통과하여

양쪽으로 끝없이 뻗어 나가 버렸어.

반직선은 **점 A**에서 출발해 **점 B**에 곧게 닿았어.

하지만 **반직선**은 **점 B**를 곧장 통과하여

직선처럼 끝없이 뻗어 나가 버렸어.

선분도 점 A와 점 B 사이를 곧게 이었어.

선분은 직선과 반직선과는 달랐어.

선분은 점 A와 점 B를 통과하지 않았어.

선분은 점 A와 점 B 사이에서 딱 멈추었어.

점 A와 점 B는 기뻤어.

선분과 점 A와 점 B가 합해져 두 이름을 얻었어.

한 이름은 선분 AB였고, 다른 이름은 선분 BA였어.

하지만…… 그뿐이었어.

이름은 두 개나 얻었지만 **선분**은 심심했어.

선분 하나만으로는 그 무엇도 될 수 없었으니까…….

선분은 생각했어.

'**선분**이 두 개쯤 더 있으면 좋겠어.'

그러자, 저쪽에 **점** 하나가 더 나타났어.

그 **점**이 말했어.

"안녕! 나는 **점 C**야.

나는 **선분**을 기다리고 있었어.

지난밤 꿈에 세모난 산신령이 나타났거든.

꿈속의 산신령이 내게 이렇게 말했어.

'너는 혼자서는 한 위치일 따름이지만

네가 **선분**을 만나면 **평면도형**이 될 수 있단다.'"

그 말에 **선분**이 곧장 양팔을 뻗어 **점 C**에 닿았어.

선분의 양팔은 또 다른 두 **선분**이 되었어.

그리하여 세 **선분**이 합해져 **평면도형**이 되었어.

그 **평면도형**의 이름은 **삼각형**이었어.

변신 로봇처럼 **삼각형**은 세 **선분**이 합체하여 만들어졌어.

평면도형이 나타나니 세 가지도 생겨났어.

각과 **변**과 **꼭짓점**이었어.

방금 생겨난 **삼각형**에 있는 한 **각**이 말했어.

"나는 **각**이야.

내 모양이 뿔 같아서 내 한자 이름은 뿔 **각**(角)이야.

나는 한 점에서 두 곧은 선이 갈라져 나가면 나타나는 모서리야."

삼각형에 있는 한 **변**이 대꾸했어.

"방금 **각**이 말한 그 곧은 선이 바로 나야.

각진 **평면도형**을 이루는 **선분**들이 바로 나거든.

그런 나는 항상

각진 **평면도형**의 가장자리에 있어서

내 한자 이름은 <u>가장자리 **변**(邊)</u>이야."

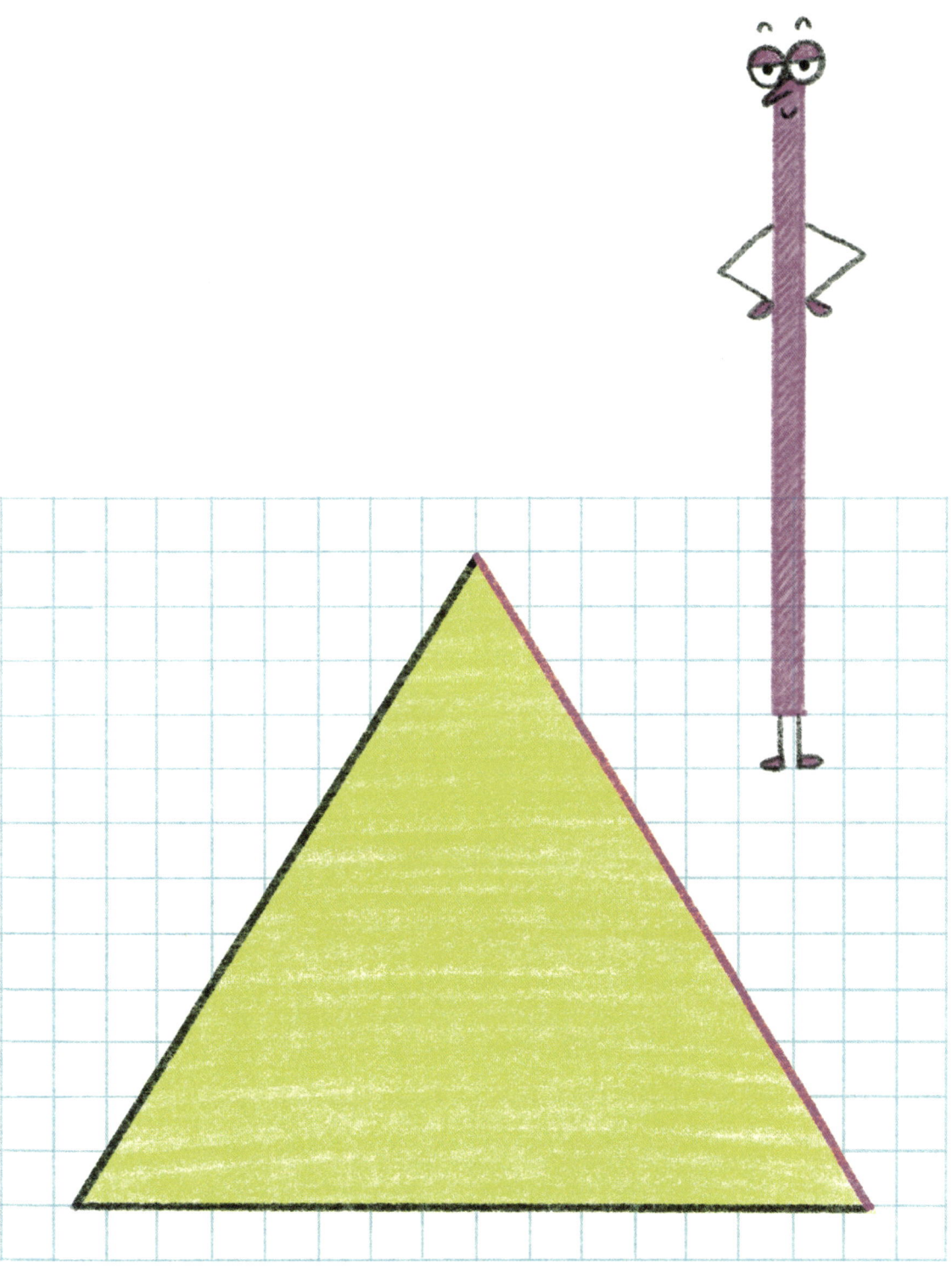

삼각형에 있는 **꼭짓점**도 말했어.

"나도 너희와 연결되어 있어.

나는 **각**을 이루고 있는 두 **변**이 만나는 **점**이거든.

그러고 보면 우리 중 하나라도 없으면 우리는 생겨날 수 없어.

각, **변**, 그리고 나 **꼭짓점**은 서로 다르면서도 한 몸인 셈이야."

잠자코 팔짱 끼고 있던 **삼각형**이 말했어.

"오! **꼭짓점**이 참 똑똑한걸!

네 말이 맞아. 너희는 서로 다르면서도 한 몸이야.

그리고 너희가 하나가 되어 생겨난 **평면도형**이 바로 나야.

오롯이 너희로 이루어진 나는 **삼각형**이야.

나는 3개의 **선분**으로 둘러싸인 **평면도형**이지."

칭찬 받아 기분 좋은 **꼭짓점**이 **삼각형**에게 높임말로 질문했어.

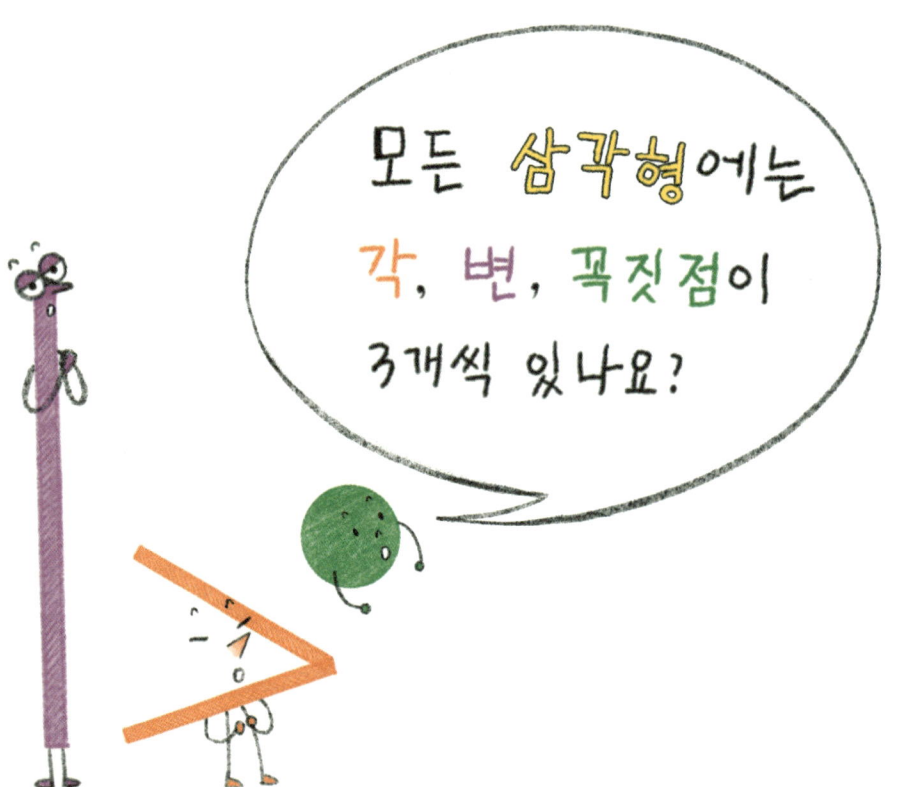

삼각형이 빙긋 웃으며 대답했어.

"물론이야. 그 조건이어야만 삼각형이 될 수 있지.

그런데 삼각형은 각의 크기와 변의 길이에 따라 이름이 달라.

마침 오늘이 평면도형의 생일이어서 삼각형들도 다 모였어.

내 친구들을 하나씩 소개할게."

첫 번째로 나타난 삼각형이 말했어.

"안녕! 나는 정삼각형이야.

나는 세 변의 길이와 세 내각의 크기가 모두 같은 삼각형이야.

그렇게 내 모양이 반듯해서 내 이름의 첫 글자는

한자로 바를정(正) 자를 쓴단다."

그러자 한 변이 정삼각형에게 질문했어.

내각이 뭐예요?

정삼각형이 각각 $60°$(도)인 자신의 세 **내각**을 가리키며 대답했어.

"**평면도형**의 안쪽에 나타난 **각**이 **내각**이야.

삼각형 안쪽에는 세 개의 **각**이 있잖니."

안쪽을 잘 봐~

두 번째로 나타난 **삼각형**이 말했어.

"안녕! 나는 **직각삼각형**이야.

나는 한 **내각**이 **직각**인 **삼각형**이야.

직각은 두 곧은 선이 만나서 이루는 $90°$의 **각**이야.

그래서 나에게는 항상 **직각**이 있어."

세 번째로 나타난 **삼각형**이 말했어.

"안녕! 나는 **예각삼각형**이야.

나는 **내각**이 모두 **예각**인 **삼각형**이야.

예각은 **직각**보다 작은 **각**이야.

예각은 1°보다 크고 90°보다 작은 **각**이거든.

그래서 **예각**은 예리한 **각**이야.

예각의 **예**는 한자로 날카로울 예(銳)야.

그래서 내 모양은 항상 뾰족해."

네 번째로 나타난 삼각형이 말했어.

"안녕! 나는 둔각삼각형이야.

나는 3개의 내각 가운데 하나가 둔각인 삼각형이야.

둔각은 90°보다는 크고 180°보다는 작은 각이야.

그런 만큼 둔각은 예각보다 무디지.

둔각의 둔은 한자로 무딜 둔(鈍) 자야.

그래서 나의 한쪽 모양은 무뎌 보여."

삼각형이 각의 크기에 따라 구별된다는 얘기를 듣고
한 각이 우쭐한 마음으로 젠체하며 질문했어.

그럼,
평각삼각형도
있나요?

그러자, **이등변 삼각형**이 나타나 대답했어.

"**각** 이름에는 **평각**이 있지만, **평각**은 이름만 있는 **각**이야.

평각의 **각** 크기는 180°이잖아.

180°는 꺾임이 없는 평평한 일직선이잖아.

변에 꺾임이 없는데 어떻게 **삼각형**이 될 수 있겠니?

평각은 **삼각형**뿐 아니라 **평면도형**이 될 수 없는 **각**이란다."

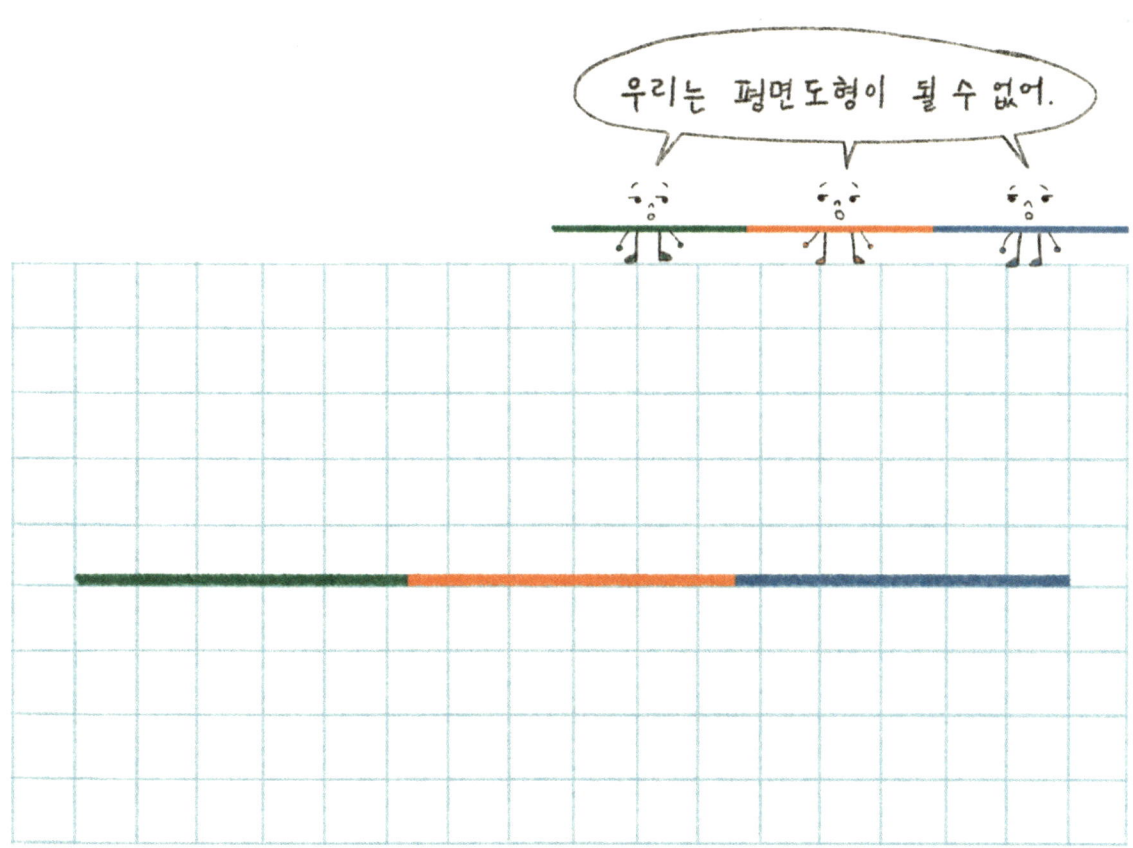

이등변 삼각형이 말을 이었어.

"내 이름은 이등변 삼각형이야.

내 이름에서 알 수 있듯이,

나는 각의 크기로 구분되는 삼각형이 아니야.

나는 두 변의 길이가 같은 삼각형이야.

내 이름도 한자로 읽으면 이해하기 쉬워.

한자로 이등변은

둘 이(二) 가지런할 등(等) 가장자리 변(邊)이야.

두 변의 길이가 가지런하다는 뜻이지."

삼각형들의 자기소개가 끝나자 단체 사진을 찍듯

다섯 삼각형이 꼭짓점들을 맞대고 모였어.

정삼각형,

직각삼각형,

예각삼각형,

둔각삼각형,

이등변 삼각형이 하나를 이루어

별 모양의 평면도형이 되었어.

다섯 삼각형이 하나가 되어 별빛처럼 웃었어.

평면도형의 생일에 사각형이 빠질 수 없었어.

삼각형이 3개의 선분에 둘러싸인 평면도형이듯

사각형은 4개의 선분에 둘러싸인 평면도형이야.

그래서 삼각형보다 변의 개수가 하나 더 많은

사각형은 삼각형만큼이나 가짓수도 많았어.

첫 번째로 나타난 사각형이 말했어.

"안녕! 나는 직사각형이야.

나는 네 각이 모두 직각인 사각형이야.

그래서 나의 네 변은 모두 90°를 이루고 있어."

두 번째로 나타난 **사각형**이 말했어.

"안녕! 나는 **정사각형**이야.

나는 방금 소개한 **직사각형**처럼

네 **각**이 모두 **직각**일뿐더러

네 **변**의 길이가 모두 같은 **사각형**이야."

그 말에, **직각삼각형**이 질문했어.

"**정사각형**과 **정삼각형**은 이름의 규칙이 같아. 그런데

왜 **직사각형**은 **직각삼각형**처럼 **직각사각형**이라고 부르지 않니?"

세 번째로 나타난 **사각형**이 대답했어.

"국어사전을 찾아보면 **직각사각형**도 나와. 국어사전에 **직각사각형**은 **직사각형**의 비슷한말이라고 풀이되어 있어.

그런데 **직각사각형**이라는 이름은 거의 사용하지 않지.

그래서 나도 '왜 그럴까?' 하고 생각해 봤어.

직각삼각형은 한 **내각**만 **직각**인 **삼각형**인 반면에

직각사각형은 네 **내각**이 모두 **직각**인 **사각형**이므로

그 차이를 구분하려고 **직사각형**이라고 부르게 된 게 아닐까?"

그 대답에 **직각삼각형**이 끄덕이며 다시 물었어.

"그래. 그럴듯한 답변이구나.

그런데 너는 어떤 **사각형**이니?"

방금 대답한 사각형이 말했어.

"아 참, 내 소개를 못 했네. 나는 마름모야.

나는 네 변의 길이가 모두 같은 사각형이야.

누군가는 나를 정사각형과 똑같은 사각형이라고 오해하곤 해.

물론 내가 정사각형과 같은 경우도 있지.

하지만 그 경우는 나의 네 각이 모두 직각인 때일 뿐이야.

내 모양은 마치 창끝처럼 길쭉한 경우도 많거든."

네 번째로 나타난 사각형이 말했어.

"안녕! 나는 사다리꼴이야.

나는 평행한 변이 한 쌍 있는 사각형이야.

평행은 서로 만나지 않는 두 곧은 선이야.

내 이름은 순우리말로 지어졌어.

높은 곳을 오르내릴 수 있게 해 주는 사다리 알지?

겉모양을 뜻하는 꼴 알지?

내 모양이 사다리를 닮은 꼴이어서 내 이름이 사다리꼴이야."

다섯 번째로 나타난 **사각형**이 말했어.

"내 차례를 한참 기다렸네.

안녕! 나는 **평행사변형**이야.

나는 마주 보는 **두 쌍의 변**이 서로 평행한 **사각형**이야.

그래서 내 이름이 **평행사변형**이지.

내 이름을 풀어 쓰면 '**평행**＋**4변**＋**평면도형**'이야."

그 말끝에, **이등변 삼각형**이 질문했어.

"**사다리꼴**과 **평행사변형**은 비슷해 보여.

이 두 **사각형**의 차이점이 뭐야? 알쏭달쏭해."

문제의 정답을 알려주듯 **정사각형**이 대답했어.

"**삼각형**에는 평행한 **변**이 없어서

네가 '평행'의 뜻을 이해하기 쉽지 않은가 보구나.

사다리꼴은 네 **변** 가운데 **한** 쌍만 평행한 **사각형**이고,

평행사변형은 네 **변** 가운데 **두** 쌍이 평행한 **사각형**이야."

분명한 대답이 끝나자,

사각형들이 **정사각형**을 가운데 두고 모였어.

정사각형,

직사각형,

마름모,

사다리꼴,

평행사변형이 모이자

바람개비 모양이 만들어졌어.

사각형들이 하나가 되어 산들바람처럼 웃었어.

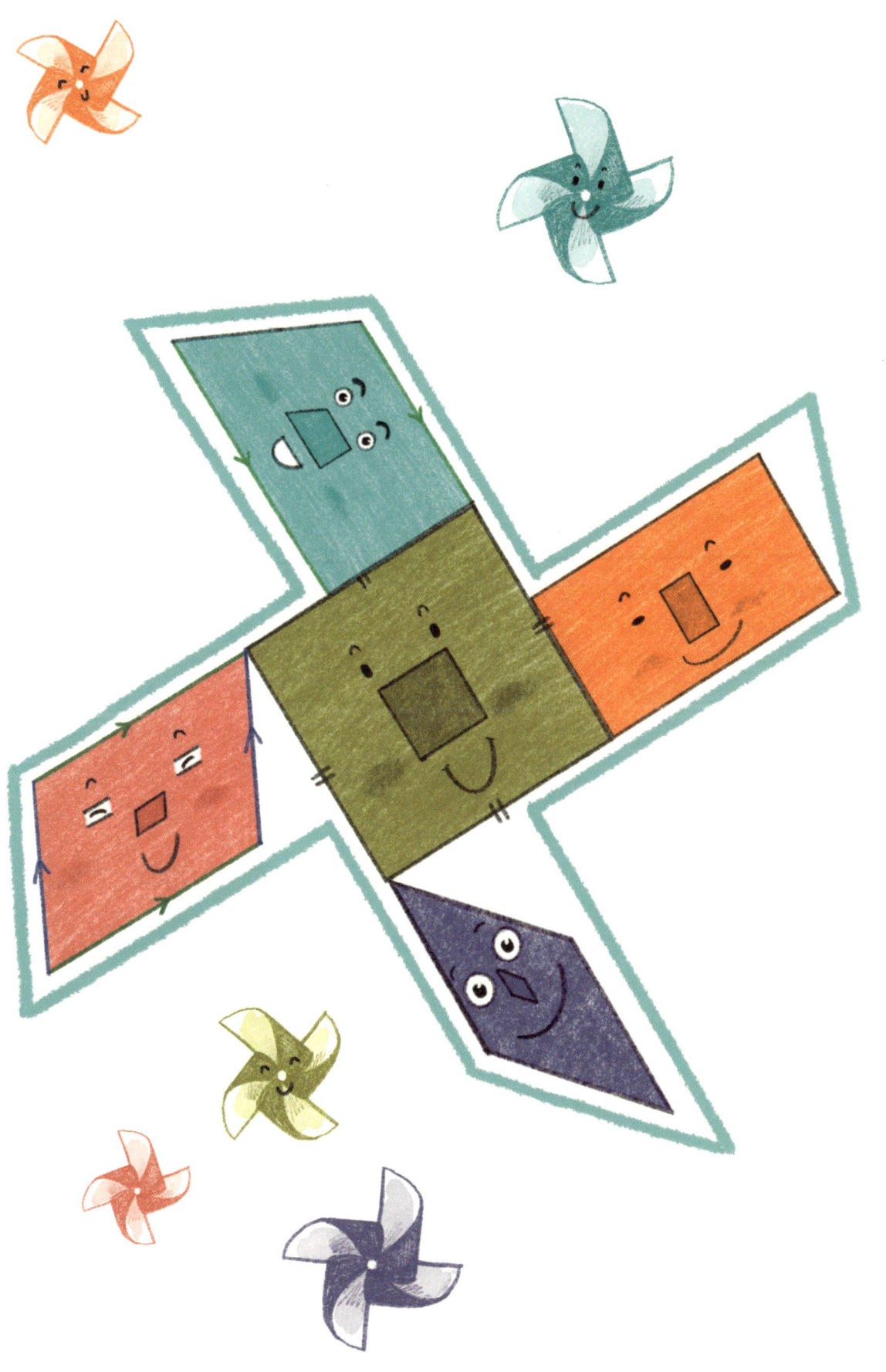

어느새 날이 저물었어. 그래서

평면도형들이 내년 생일에 또 만나기로 약속했어.

그때 저녁 하늘에서 둥그런 목소리가 들렸어.

저녁 하늘에서 보름달이 말했어.

"늦어서 미안해. 나도 **평면도형**이야.

오늘 나는 저녁이 되기를 기다리고 있었어."

그러자 사다리꼴이 보름달에게 물었어.

"네가 **평면도형**이라고?

네게는 각도, 변도, 꼭짓점도 없어 보이는데?"

보름달이 껄껄껄 웃으며 대답했어.

"**평면도형**은 대개는 곧은 선으로 이루어져 있어서

너희처럼 각, 변, 꼭짓점이 있는 **다각형**이 많지.

하지만 나처럼 굽은 선으로 이루어진 **평면도형**도 있단다."

모두가 **보름달**의 다음 말이 궁금했어.

보름달이 이어서 말했어.

"내 이름은 **원**이야.

나는 **평면**의 일정한 **점**에서 같은 거리에 있는 **점**들의 집합이야.

너희와 많이 다른 내게는 너희에게는 없는 것이 두 가지 있어.

하나는 **지름**이고, 또 하나는 **반지름**이야.

지름은 나의 **양쪽 둘레**에서부터 나의 **중심**을 지나는 **선분**이야.

그래서 나는 **지름**의 길이에 따라 크기가 달라져.

그런 나의 **지름**은 나를 다 채울 만큼 많아."

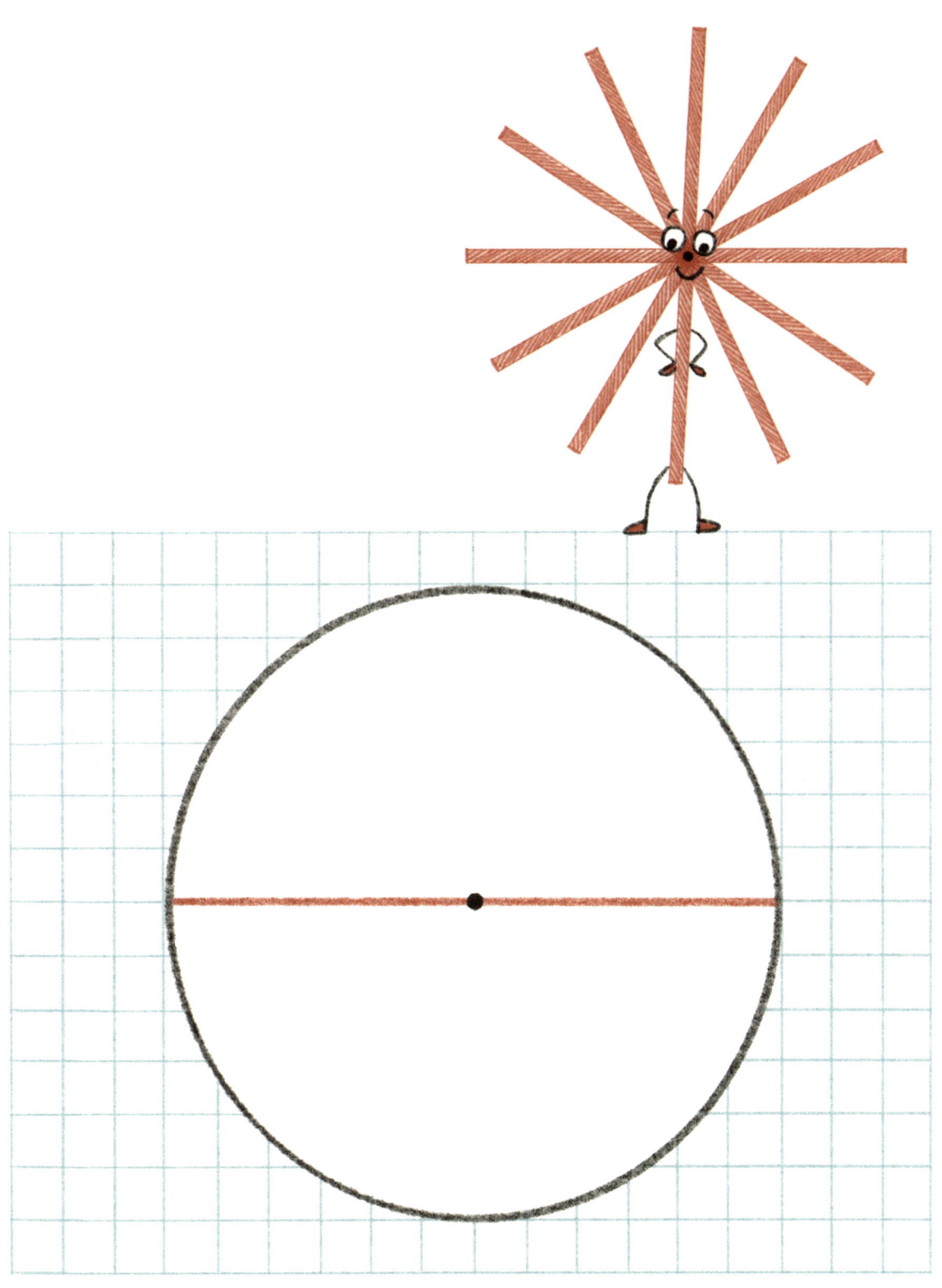

원은 자기 **지름** 하나를 보여주고는 말을 이었어.

"**반지름**은 나의 **중심**에서부터 나의 **둘레**에 이르는 **선분**이야.

그래서 **반지름**을 알려면 나의 중심의 위치를 알아야 해.

마찬가지로, 나의 중심의 위치를 알면 **지름**도 알 수 있어.

그리고 이 두 이름에서 알 수 있듯이,

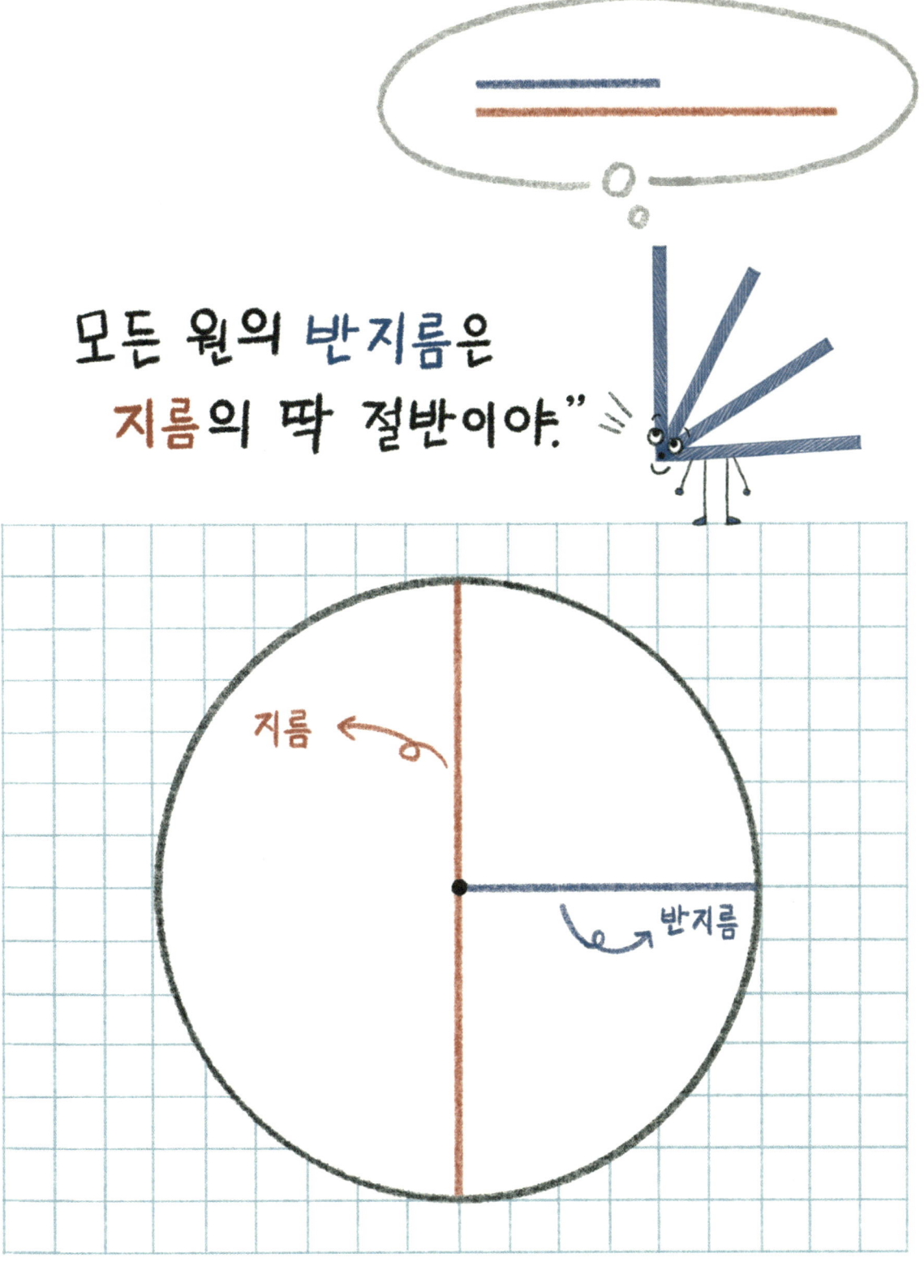

자기소개를 마친 원이 모두에게 제안했어.

"이제 우리의 생일잔치를 밤하늘에서 벌이지 않을래?

우리 **평면도형**이 파티를 하면 별자리가 그려질 거야."

원의 제안에 모두가 환호했어.

그러고는 일제히 밤하늘에 다양하게 자리 잡았어.

그러자, **평면도형**들이 별자리가 되어

평면의 우주 지도를 그렸어.

후루룩수학 ②

평각 삼각형도 있나요?
평면도형

초판 발행일 2024년 1월 2일

2쇄 발행일 2024년 4월 22일

지은이 윤병무 | 그린이 이철형

펴낸곳 국수

등록번호 제2018-000158호

주소 경기도 고양시 일산동구 진밭로 36-124

전화 (031) 908-9293 | 팩스 (031) 8056-9294

전자우편 songwriter@kuksu.kr

ⓒ 윤병무, 이철형, 2024, Printed in Goyangsi, Korea

ISBN 979-11-90499-49-1 77410

ISBN 979-11-90499-47-7 (세트)

책값은 뒤표지에 쓰여 있습니다.

이 책의 저작권은 지은이와 그린이에게, 출판권은 '국수'에 있습니다.

이 책 내용의 전부는 물론이고 일부라도 재사용하려면 반드시 '국수'의 동의를 얻어야 합니다.

잘못 만들어진 책은 구입하신 서점에서 교환해드립니다.

① 어떤 수를 회장으로 뽑지?: 수의 쓰임과 자릿수

② 평각 삼각형도 있나요?: 평면도형

③ 길이 재기 대회를 한대!: 길이 단위

④ 더 빨리 셀 수 있다고?: 덧셈과 곱셈

우리도
평면도형이야.